Le portugais (2)

Conversation en français-portugais

Conversa en francês-português

Phrases utiles pour se débrouiller en portugais
Frases úteis para expressar-se em português

DIALOGUE - DIÁLOGO	
Bonjour ! je m'appelle Jean, et toi ?	Olá! Eu sou o João, e tu?
Je m'appelle Stanislas, mais les amis m'appellent Stanio	Eu sou o Estanislau, Lau para os amigos.
Enchanté ! Tu es sans doute portugais, n'est-ce pas ?	Muito prazer! É português, não é?
Oui, je suis de Lisbonne. Et toi, d'où viens-tu en France ?	Sim, sou de Lisboa. E tu, de onde és, de França?
J'habite Strasbourg. Tu connais ?	Vivo em Estrasburgo, conheces?
Bien sûr que je connais. C'est tout près de la frontière allemande.	Claro que conheço. É junto à fronteira alemã, não?
Oui… mon vieux, ça fait du bien de se reposer un peu ! Est-ce que c'est la première fois que tu viens à Montpellier à vélo ?	Sim… Apetece descansar um pouco, meu amigo! Esta é a primeira vez que vens a Montpellier de bicicleta?
Non, j'ai déjà fait ce voyage il y a quelques années.	Não, já o fiz há alguns anos.
Tu as faim ? Veux-tu manger un peu de fromage ?	Tens fome? Queres um bocado de queijo?
Oui, super. Merci beaucoup. Moi, j'ai un peu de vin, tu en veux ?	Sim, boa ideia. Obrigado. Tenho vinho, queres?
Mais bien sûr ! Tiens, il y a quelqu'un qui t'appelle là-bas.	Sim! Olha! Estão a chamar por ti, ali.
Où çà ? Ah oui !… ce sont mes amis. Viens, je vais te les présenter.	Onde? Ah sim!… São amigos meus. Vem, vou apresentar-te.

AEDIS

TÉLÉPHONER	TELEFONAR
Bonjour, puis-je parler à monsieur Dupont ?	Bom dia, posso falar com o senhor Silva?
Salut, Alice est-elle là, s'il vous plaît ?	Olá, a Alice está, por favor?
Oui, un instant. C'est de la part de qui ?	Sim, um momento, quem devo anunciar?
Non, elle n'est pas là. Voulez-vous laisser un message ?	Não, ela não está. Deseja deixar recado?
Un répondeur : « Bonjour, nous ne sommes pas là pour le moment. Veuillez laisser votre message et nous vous rappellerons le plus tôt possible. Merci. »	Atendedor de chamadas: «Bom dia, de momento não podemos atender. Por favor, deixe mensagem e nós telefonamos-lhe logo que possível. Obrigado.»
Oui, c'est moi. Qui est-ce ?	Sim, sou eu. Quem fala?
C'est Marguerite, comment vas-tu ?	É a Margarida, como estás?
Pouvez-vous me donner l'adresse de l'ambassade ?	Pode dar-me a morada da embaixada, por favor?
Pouvez-vous me l'épeler ?	Pode soletrar, por favor?
Je ne peux pas répondre maintenant.	Neste momento, não posso responder.
La ligne est occupée.	A linha está ocupada.
Je vous rappellerai dès que possible.	Volto a ligar-lhe logo que possível.
Merci de votre appel.	Obrigado pela sua chamada.
Je te rappelle plus tard.	Ligo-te mais tarde.
Appelle-moi, d'accord ?	Telefona-me, sim?

UN PEU D'ARGOT…	UM POUCO DE CALÃO
Un mec	Um tipo
Une nana, une gonzesse	Uma tipa
La balle, le fric	Guita, pilim, massa, pastel
Bouffer	Encher a pança
Être défoncé	Estar pedrado (s'il s'agit de drogue); Estar bêbado que nem um cacho (s'il s'agit d'alcool)
Se tirer, se tailler	Dar à sola
Prendre une cuite	Beber como um funil
Cuver	Curar a bebedeira
Rouler une pelle	Fazer linguado
Rouler les mécaniques	Fazer peitaça
Faire la bringue	Farrear
Draguer	Engatar
Un boulot, bosser	Vergar o serrote

PROVERBES FRANÇAIS	PROVÉRBIOS PORTUGUESES
À chaque fou sa marotte.	Cada doido com a sua mania.
Aide-toi, le ciel t'aidera.	Fia-te na Virgem e não corras…
Dis-moi qui tu hantes, je te dirai qui tu es.	Diz-me com quem andas, dir-te-ei quem és.
Il faut saisir l'occasion par les cheveux.	Pegar o touro pelos cornos.
Il n'y a pas de fumée sans feu.	Não há fumo sem fogo.
On se console comme on peut.	Mal de muitos, consolo é.
Le monde appartient à celui qui se lève tôt.	Deus ajuda quem cedo madruga.
La fin justifie les moyens.	O fim não justifica os meios.
L'espoir fait vivre.	A esperança é a última a morrer.
Les bons comptes font les bons amis.	Boas contas fazem bons amigos.
Mieux vaut prévenir que guérir.	Mais vale prevenir do que remediar.
On risque de tout perdre en voulant tout gagner.	Quem tudo quer, tudo perde.
Paris ne s'est pas fait en un jour.	Roma e Pavia não se fizeram num dia.
Plus fait douceur que violence.	Não se apanham moscas com vinagre.
Quand le vin est tiré il faut le boire.	Quem plantou, que colha.

ENGAGER UNE CONVERSATION	COMEÇAR UMA CONVERSA
Alors (qu'est-ce que tu penses de… ?)	**Bem (qual é a tua opinião sobre…?)**
Dis-donc (est-ce que tu saurais me dire… ?)	**Bem diz (és capaz de me dizer…?)**
Au fait (quand est-ce qu'on va faire un voyage ?)	**A propósito (quando partimos?)**
Écoute (demain je dois aller à la faculté.)	**Escuta (amanhã tenho de ir à faculdade.)**

CHANGER LE SUJET DE LA CONVERSATION	MUDAR O TEMA DA CONVERSA
À propos…	**A propósito…**
Ça me rappelle que…	**Isso faz-me lembrar que…**

SOUHAITER	FAZER VOTOS
Bonne fête !	**Boas festas!** (pour Noël uniquement)
Bon anniversaire !	**Muitos parabéns!**
Bon courage !	**Coragem!**
Bonne journée !	**Bom dia!**
Repose-toi bien !	**Bom descanso!**
Dors bien et fais de beaux rêves !	**Dorme bem, sonhos cor-de-rosa!**
Prends bien soin de toi !	**Cuida-te!**

AU RESTAURANT	NO RESTAURANTE
Un serveur, une serveuse.	**Senhor empregado, senhora empregada.** (Pour appeler un serveur/une serveuse, vous dites en portugais : **Se faz favor**).
Une bière et des amuse-gueule s'il vous plaît.	**Uma cerveja e petiscos, se faz favor.**
Pouvez-vous m'apporter la carte, s'il vous plaît ?	**Pode trazer-me a lista, por favor?**
Je prendrai une salade en entrée.	**Quero salada para entrada.**
Et ensuite du poisson.	**E depois, peixe.**
Un dessert.	**Sobremesa.**
Pourriez-vous m'apporter un peu de pain, une autre fourchette, une carafe d'eau ?	**Pode trazer-me pão, outro garfo e um jarro de água, se faz favor?**
Saignant, bien cuit, à point (pour la viande).	**Mal passada, mais ou menos bem passada, bem passada (carne).**
Merci.	**Obrigado** (ou Obrigada, pour une femme).
Bon appétit.	**Bom apetite.**
Ça brûle !	**Isto está quente!**
Un thé.	**Chá.**
Un café.	**Uma bica.**
Un café-crème.	**Café com um pouco de leite/ Um garoto.**
Un déca.	**Café descafeinado.**
Pouvez-vous m'apporter l'addition ?	**Pode trazer-me a conta?**
Un pourboire.	**Gorjeta.**

ACCEPTER/REFUSER	ACEITAR/RECUSAR
Avec plaisir, merci.	**Com prazer, obrigado.**
D'accord, merci.	**De acordo, obrigado.**
J'irai volontiers.	**Vou, com todo o gosto.**
Oui, un peu plus, s'il vous plaît.	**Sim, um pouco mais, se faz favor.**
Non, merci.	**Não, obrigado.**
Désolé, mais c'est impossible.	**Lamento, mas não é possível.**
Non, c'est très gentil.	**Não, é muito amável.**
Non, j'en ai assez.	**Não, é suficiente.** (Dans le sens de ça suffit : **Não. Basta!**)

À L'ARRIVÉE — A CHEGADA

À L'ARRIVÉE	A CHEGADA
Comment vous appelez-vous ?	Como se chama?
Quelle est votre adresse ?	Qual é a sua morada?
Pouvez-vous l'épeler, s'il vous plaît ?	Pode soletrar?
Quel est votre métier ?	Qual é a sua profissão?
Votre date de naissance, s'il vous plaît ?	A sua data de nascimento, por favor?
Le numéro de votre carte d'identité ?	O número do seu bilhete de identidade?
Pouvez-vous me donner l'adresse exacte ?	Pode dar-me a sua morada exacta?
Pouvez-vous m'indiquer comment y aller ?	Pode indicar-me o caminho para lá chegar?
Avez-vous besoin d'un taxi ?	Quer um táxi?
Allez-vous prendre le métro ?	Vai de metro?
Pouvez-vous me dire où cela se trouve sur ma carte ?	Pode dizer-me onde está, no meu mapa?
Où puis-je téléphoner ?	Onde é que se pode telefonar?
Où habitez-vous ?	Onde mora?
Dans quelle rue ?	Em que rua?
Quand est-ce qu'on se voit ?	Quando é que nos voltamos a ver?
Est-ce que tu veux venir chez moi ?	Queres vir a minha casa?
Quand a lieu le rendez-vous ?	Quando é o encontro?
Jusqu'à quand serez-vous à Montpellier ?	Até quando fica em Montpelier?
Quand reviendrez-vous ?	Quando é que vai regressar?
Quels sont vos passe-temps ?	Quais são os seus passatempos?

ACHETER — FAZER COMPRAS

ACHETER	FAZER COMPRAS
Je voudrais acheter un pantalon.	Queria comprar um par de calças.
Quelle taille faites-vous ?	Qual é o seu tamanho?
Petite, moyenne, grande ?	Pequeno, médio ou grande?
Quel est le prix ?	Quanto custa?
C'est cher.	É muito caro.
C'est bon marché.	É barato.
Soldes.	Saldos.
Combien vous dois-je ?	Quanto devo?
Vous payez avec votre carte ou en espèces ?	Paga com cartão ou dinheiro?
Un kilo d'oranges, s'il vous plaît.	Um quilo de laranjas, por favor.
Avez-vous de la monnaie ?	Tem troco?

LETTRES — CARTAS

LETTRES	CARTAS
Commencez par :	Comece por:
• Cher Paul, chère Alice,	• Caro Paulo, cara Alice (Querido Paulo, querida Alice [plus intime])
• Monsieur, Madame,	• Excelentíssimo Senhor, Excelentíssima senhora (Ex$^{\underline{mo}}$ Sr./Exma Sra)
Terminez par :	Termine por:
• Avec affection, affectueusement, bisous.	• Afectuosamente, cordialmente, beijinhos.
• Veuillez agréer, Monsieur, mes salutations distinguées.	• Com os meus melhores cumprimentos.

EXCLAMATIONS	EXCLAMAÇÕES
Salut !	**Olá!**
Comment ça va ?	**Como estás?**
Content de te revoir !	**Alegro-me por voltar a ver-te!**
Comme le monde est petit !	**Como o mundo é pequeno!**
Incroyable !	**Incrível!**
C'est vrai !	**É verdade!**
C'est terrible !	**É terrível!**
Quelle bêtise !	**Que disparate!**
Tu plaisantes !	**Estás a brincar!** (dans le sens de : Tu peux parler !) **Olha quem fala!**
Tu rigoles !	**Estás a brincar! Ris-te!**
Qu'est-ce que c'est moche !	**Que feio!**
Arrête !	**Alto!**
C'est dommage !	**Lamentável!**
Quelle horreur !	**Que horror!**
Quel ennui !	**Que chatice!**
Que c'est chiant !	**Que tédio!**
C'est dégoûtant !	**Que nojo!**
Quelle déception !	**Que desilusão!**
Quelle malchance !	**Que azar!**
Pour l'amour de Dieu !	**Por amor de Deus!**
Qu'est-ce que c'est cher !	**Caríssimo!**
C'est du vol !	**É um roubo!**
Que c'est bon marché !	**Baratíssimo!**
Que tu es lourd !	**Que tacanho que tu és! (Que tacanhez!)**
Rien du tout !	**Absolutamente nada!**
Fous-moi la paix !	**Deixa-me em paz!**
Naturellement !	**Naturalmente!**
Bien sûr !	**Claro!**
Ah bon !	**Verdade?**
Quelle chance !	**Que sorte!**
Ça ne sert à rien !	**Isso não presta para nada!**
Exactement !	**Exactamente!**
Ça ne fait rien !	**Não tem importância!**
Aucune idée !	**Não sei de nada!**
Quel bonheur !	**Que felicidade!**
Oh merde !	**Merda! Ora bolas!** (dans le sens de : ça alors !) **Essa agora!**
Ça ne te regarde pas !	**Não é da tua conta! Não és para aqui chamado!**
Quel soulagement !	**Que alívio!**
J'espère bien !	**Assim espero!**
C'est fou !	**Inacreditável!**
On se boit un verre !	**Vai um copo?**
Je m'en fiche complètement !	**Estou-me nas tintas!**
Quelle connerie !	**Que cretinice!**
Quelle pagaille !	**Que bagunça!**
J'en ai marre !	**Basta!**
Dément !	**Loucura!**
Relax !	**Calma!**

CHANSON POPULAIRE
CANÇÃO POPULAR

Que chuva, que chuva!
A virgem da gruta,
Os passarinhos cantam,
As nuvens se levantam
Pelo sim, pelo não!
Que venha o aguaceiro!
Que parta os vidros da estação.

(Cette chanson est chantée par les enfants quand il pleut.)

« Mon Dieu ! » - « Meu Deus! »

Le sens religieux est même dans les expressions !

Il y a eu du grabuge : **Houve zaragata**
En voir de toutes les couleurs : **Passar as passas do Algarve**
Eh bien ! : **Ora essa!**
Au petit bonheur : **Ao Deus dará**
Adieu ! va en paix : **Vai com Deus**
On verra bien ! : **Logo se verá**

S'EXCUSER - PEDIR DESCULPA

Pardon, tu disais ? : **Desculpe/Perdão.**

Pardon, vous me laissez passer ? : **Desculpe, dá-me licença.**

Je me suis trompé : **Enganei-me.**

Je suis désolé, il était impossible d'y aller : **Tenho pena, não foi possível ir.**

Le saviez-vous ? Les Romains appelaient *Lusitânia* la région de la péninsule ibérique qui correspond à une grande partie du Portugal actuel. Les habitants étaient les Lusitaniens (*os Lusitanos* ou *os Lusos*). La racine *luso* désigne tout ce qui se réfère au Portugal (par exemple, en français le mot *lusophone* qualifie celui qui parle portugais).

EXPRESSIONS FRANÇAISES	EXPRESSÕES PORTUGUESAS
Aller droit au but	**Ir direito ao assunto**
Arriver à point nommé	**Chegar mesmo a tempo**
En voir des vertes et des pas mûres	**Passar vergonha**
Découvrir le pot aux roses	**Descobrir um segredo**
Coûter les yeux de la tête	**Custar os olhos da cara!**
Être crevé	**Estar esgotado**
Être maigre comme un clou	**(Ser) magro como um espeto**
Être tombé de la dernière pluie	**Ser muito ingénuo**
Faire des châteaux en Espagne	**Fazer castelos no ar**
Être bête à manger du foin	**Ser estúpido que nem uma porta**
Enfoncer une porte ouverte	**Descobrir a pólvora**
Faire dresser les cheveux sur la tête	**Ficar com os cabelos em pé**
Faire l'école buissonnière	**Fazer gazeta.**
Faire venir l'eau à son moulin	**Levar a água ao (seu) moinho**
S'en falloir d'un poil	**Não faltar muito**
Il n'y a pas âme qui vive	**Nem vivalma**
Jeter de l'huile sur le feu	**Deitar azeite na fervura**
Jeter l'argent par les fenêtres	**Gastar à tripa forra**
Manger du bout des lèvres	**Comer sem apetite**
Mener la danse	**Comandar o baile**
Mener une vie de chien	**Ter vida de cão**
Monter sur ses grands chevaux	**Embandeirar em arco**
Ne pas avoir froid aux yeux	**Avançar sem medo**
Ne pas avoir voix au chapitre	**Não ter o direito de falar**
Ne pas pouvoir sentir quelqu'un	**Não suportar alguém**
Ne pas souffler mot	**Guardar segredo**
Payer les pot cassés	**Pagar as favas**
Perdre les pédales	**Perder a cabeça**
Pousser les hauts cris	**Vociferar**
Quand les poules auront des dents	**Quando as galinhas tiverem dentes**

AMOR E ÓDIO
L'AMOUR ET LA HAINE

Engatas uma rapariga : tu dragues
E dás-lhe um beijo : tu l'embrasses
Gostas dela : tu l'aimes bien
E dás-lhe carinho : tu lui fais un câlin
Estás apaixonado : tu tombes amoureux
Sais com ela : tu sors avec elle
Namoras com ela : tu lui fais la cour
E tens uma relação : tu as une liaison
Fica grávida : elle tombe enceinte
És obrigado a casar com ela : tu es forcé de l'épouser
Ou ficas noivo : ou tu te fiances
E casas : et tu te maries
Celebra-se o casamento : on célèbre le mariage
É um casamento por amor : c'est un mariage d'amour
Têm filhos : vous avez des enfants
Educam os vossos dois filhos : vous élevez deux gosses
E depois divorciam-se e voltam a casar-se : puis vous divorcez et vous vous remariez
Detestam-se : vous vous haïssez
E tudo volta à estaca zero : et tout recommence à zéro

RENCONTRER QUELQU'UN	ENCONTRAR ALGUÉM
Salut	**Olá**
Au revoir	**Adeus**
À tout à l'heure	**Até logo**
À demain	**Até amanhã**
À bientôt	**Até breve**
Bonjour	**Bom dia**
Bon après-midi	**Boa tarde**
Bonne nuit	**Boa noite**
Comment t'appelles-tu ?	**Como te chamas?**
Je m'appelle Alice	**Chamo-me Alice**
Quel âge as-tu ?	**Que idade tens?**
Tu étudies ou tu travailles ?	**Estudas ou trabalhas?**
As-tu un petit copain ?	**Tens namorado/a?**
Où habites-tu ?	**Onde moras?**
Est-ce que tu veux me donner ton numéro de téléphone ?	**Importas-te de me dar o teu número de telefone?**

QUESTIONS	PERGUNTAS
Comment t'appelles-tu ?	Como te chamas?
Quel âge as-tu ?	Que idade tens?
D'où viens-tu ?	De onde vens?
Jusqu'à quand restes-tu ?	Até quando ficas?
Comment allez-vous ? Comment vas-tu ?	Como estás?
Où est la gare ?	Onde fica a estação?
Y a-t-il un téléphone dans la chambre ?	Há telefone no quarto?
Y a-t-il des toilettes publiques près d'ici ?	Há uma casa de banho pública perto daqui?
Est-ce que vous aimez rencontrer des gens ?	Gostas de encontrar pessoas?
Aimez-vous la corrida portugaise ?	Conheces a tourada à portuguesa?
Veux-tu une autre tasse de café ?	Queres mais uma chávena de café?
Voudrais-tu venir avec moi ?	Queres vir comigo?
Aimerais-tu voyager ?	Gostavas de viajar?
Où est la poste ?	Onde fica o correio?
Puis-je vous poser une question ?	Posso fazer uma pergunta?
Savez-vous parler français ?	Fala francês?
Combien ça coûte ?	Quanto custa?
À quelle heure ça commence ?	A que horas começa?
Où est l'arrêt de bus ?	Onde é a paragem do autocarro?
Connaissez-vous mon frère et ma sœur ?	Conheces o meu irmão e a minha irmã?
Depuis combien de temps travaille-t-elle à Strasbourg ?	Desde quando é que ela trabalha em Estrasburgo?
C'est à quelle distance d'ici ?	A que distância fica daqui?
Est-ce que c'est vrai ?	É verdade?
Est-ce que vous prenez les cartes de crédit ?	Aceita cartões de crédito?
Qu'est-ce que c'est ?	O que é?
Qu'est-ce qu'il a dit ?	O que é que ele disse?
Et si nous allions au cinéma ?	E se fôssemos ao cinema?
Comment ça marche ?	Como é que isso funciona?
Est-ce une chambre avec douche et W-C ?	O quarto tem duche e casa-de-banho?
Veux-tu manger un morceau ?	Queres comer alguma coisa?
Quel est le musée que tu préfères à Paris ?	Que museu preferes em Paris?
Tu plaisantes ?	Estás a brincar?
Ça ne va pas ?	Não te sentes bem?
Tu es sûr(e) ?	Tens a certeza?
Tu as faim ?	Estás com fome?
Tu es fâché ?	Estás zangado?
Tu es pressé(é) ?	Estás com pressa?
Tu as peur ?	Estás com medo?
Pourquoi pas ?	Porque não?
Pourquoi ne venez-vous pas avec nous ?	Porque não vem connosco?

L'HEURE ET LA DATE	HORA E DATA
Quelle heure est-il ?	Que horas são?
Il est huit heures du matin.	São oito da manhã.
Il est treize heures.	É uma da tarde.
Il est minuit.	É meia-noite.
Avez-vous l'heure, s'il vous plaît ?	Que horas são, por favor?
Quel jour sommes-nous ?	Que dia é hoje?
Nous sommes le 20 septembre 2006.	É vinte de Setembro de 2006.

ONOMATOPÉES	ONOMATOPEIAS
Bof !	**Mau!**
Hein ?	**O quê?!**
Pouah !	**Irra! Credo!**
Plouf !	**Zás!**
Hélas !	**Ai!**
Hourra !	**Hurra!**

QUELQUES FAUX AMIS - ALGUNS FALSOS AMIGOS

Discutir, c'est débattre, et non pas discuter (**conversar**).

Explorar, c'est explorer ou exploiter (selon le contexte).

Prender, c'est faire prisonnier, mais le verbe « prendre », c'est :
Tomar. Prendre un café : **Tomar um café.**
Apanhar. Prendre le soleil : **Apanhar sol.**
Prendre un papillon : **Apanhar uma borboleta.**

Segurar. Prendre quelqu'un par la main : **Segurar alguém pela mão.**
Pegar. Prendre son cahier : **Pegar no caderno.**

Jogar, c'est jouer, faire du sport. Jouer au football : **Jogar futebol.**
Tocar, c'est jouer d'un instrument de musique. Jouer du piano : **Tocar piano.**
Brincar : c'est jouer à la poupée : **Brincar com a boneca.**

Le saviez-vous ?
Pour téléphoner, les Portugais et les Brésiliens n'utilisent pas le même vocabulaire :

FRANCE	PORTUGAL	BRÉSIL
Allo ?	**Está?**	**Alô?**
La cabine téléphonique	**A cabine**	**O orelhão**
Faire le numéro	**Marcar o número**	**Teclar, discar o número**
Six	**Seis**	**Meia**
Le portable	**O telemóvel**	**O celular**
Le répondeur téléphonique	**O atendedor de chamadas**	**A secretária eletrônica**

FAÇAM AMOR, NÃO FAÇAM GUERRA
FAITES L'AMOUR, PAS LA GUERRE

Charmant : **Encantador** - Draguer : **Engatar**
Câlin : **Carinho** - Enchanté : **Encantado (a)**
Fatigué : **Cansado (a)** - Fidèle : **Fiel**
Ivre : **Embriagado (a)** - Jaloux(se) : **Ciumento (a)**
Joli : **Bonito (a)** - Beau, belle : **Belo (a)**
Sympathique : **Simpático (a)**
Célibataire : **Solteiro (a)**
Je tombe amoureux : **Estou apaixonado**

Office national du tourisme du Portugal à Paris
135, bd Haussmann, 75008 Paris, Tél. : 01-56-88-31-90/Fax : 01-56-88-30-89

Service consulaire de l'ambassade française au Portugal
31/33 Rua Rev. Pedro Agostinho Neto, CP 584 LUANDA
Tél. : (244) 2 33.43.35 / 33.48.41 / 39.80.39 / 33.00.65

Centre culturel du Portugal à Paris
Centre culturel Calouste Gulbenkian
51, avenue d'Iéna, 75116 Paris, Tél. : 01 53 23 93 93/Fax : 01 53 57 80 25

Ambassade de France à Lisbonne
5 Rua Santos-o-Velho, 1200 Lisboa, Tél. : (351) 21.393.91.00/Fax : (351) 21.393.91.50

Ambassade du Portugal
3, rue de Noisiel, 75016 Paris, Tél. : 01-47-27-35-29/Fax : 01-47-05-00-40

Consulat du Portugal en France
6/8, rue Georges-Berger, 75017 Paris, Tél. : 01-56-33-81-00/Fax : 01-47-66-93-35

Consulat français au Portugal
123 Calçada Marquês de Abrantes, 1200-718 Lisboa, Tél. : 21 393 92 92

Librairies portugaises
10, rue Tournefort, 75005 Paris, Tél. : 01 43 36 34 37/Fax : 01 43 36 78 47
146, rue Chevaleret, 75013 Paris, Tél. : 01 45 85 07 82

ISBN 978-2-84259-367-4

Texte : Thierry Saladin
Illustrations Jala - Pierre Quentin
Dépôt légal : 3e trimestre 2007